AF330468

DES

PRONUNCIAMIENTOS

DE LEUR PASSÉ

DE LEUR AVENIR EN FRANCE

DE LEURS RAPPORTS

AVEC L'ADMINISTRATION MILITAIRE

VERSAILLES

IMPRIMERIE DE E. AUBERT

6, avenue de Sceaux, 6

—

1872

DES PRONUNCIAMIENTOS

De leur passé, de leur avenir en France

DE LEURS RAPPORTS

AVEC L'ADMINISTRATION MILITAIRE

DES
PRONUNCIAMIENTOS

DE LEUR PASSÉ

DE LEUR AVENIR EN FRANCE

DE LEURS RAPPORTS

AVEC L'ADMINISTRATION MILITAIRE

VERSAILLES

IMPRIMERIE DE E. AUBERT

6, avenue de Sceaux, 6

—

1872

DES
PRONUNCIAMIENTOS

DE LEUR PASSÉ, DE LEUR AVENIR EN FRANCE

DE LEURS RAPPORTS

AVEC L'ADMINISTRATION MILITAIRE

> Les lois de Rome avaient sagement divisé la puissance publique en un grand nombre de magistratures qui se soutenaient, s'arrêtaient et se tempéraient l'une l'autre.....
>
> Quand on accorde des honneurs, on sait précisément ce que l'on donne; mais quand on y joint le pouvoir, on ne peut dire à quel point il pourra être porté.
>
> (MONTESQUIEU, *Grandeur et décadence des Romains*, chap. de Sylla, de César et de Pompée.)

I

L'histoire de la France, sous la dynastie capétienne, est presque celle de la lutte de nos rois contre les grands seigneurs, chefs civils et militaires du pays. Après la disparition des grands feudataires, elle affecta le caractère de pronunciamiento : le connétable de Bourbon, sous François Ier, fut le premier en date. Henri III ne se débarrassa du second duc de Guise qu'en le faisant assassiner; Henri IV ne vint à bout de la Ligue qu'en achetant quelques chefs et en réduisant les autres par les armes ; plus tard, il dut faire trancher la tête au maréchal de Biron, gouverneur de la Normandie, son meilleur général, son ami, pour projets de révolte, de connivence avec l'Espagne.

Le cardinal de Richelieu, contre lequel les fauteurs de sédition ne cessèrent d'ourdir leurs trames et de soutenir une lutte ouverte, coupa le mal dans sa racine en enlevant aux grands seigneurs, gouverneurs de province ou généraux d'armée, leurs pouvoirs exorbitants, dangereux pour leur patrie et pour leur roi. Il créa l'administration civile et ébaucha l'administration militaire. Il institua les intendants, « qui furent les ennemis des positions indépendantes (1). » Leurs attributions dans les provinces réduisirent l'autorité des gouverneurs à une fastueuse et ruineuse représentation ; ils furent détachés aux armées, auprès desquelles Richelieu leur confia le maniement des fonds et du matériel, avec obligation d'en user conformément aux dispositions militaires du général, mais en obéissant aussi à des lois et à des règles tracées d'avance, dont ils furent constitués gardiens et défenseurs. Ils durent exécuter tous les ordres que leur donnerait, dans les circonstances graves, ce même général, seul juge du salut de son armée ; mais ils eurent pour premier devoir d'en rendre compte sur-le-champ au roi, par l'intermédiaire de son ministre, qui se trouva ainsi averti par une autorité indépendante, c'est-à-dire sans souci de la colère du chef militaire, de toute mesure que celui-ci pouvait prendre contre les lois, et à l'occasion contre l'ordre établi.

De ce jour, la séparation des attributions du commandement des armées et de leur administration fut consommée et devint maxime de gouvernement. Elle eut le double résultat de créer l'ordre dans les finances et la sécurité dans l'Etat. Elle fit les armées bien pourvues et les généraux fidèles.

(1) Camille Rousset, *Histoire de Louvois,* chap. VI.

Tout cela, bien entendu, ne fut pas réalisé en un jour. Mais Richelieu avait semé : Louis XIV et Louvois se chargèrent de faire fructifier.

La Fronde, qui fut une révolte des grands, militaires ou parlementaires, jeta bas les intendants ; elle était à peine domptée, qu'ils furent rétablis. Louis XIV se souvint toute sa vie des écarts alternatifs de Condé et de Turenne ; aussi ne donna-t-il qu'à contre-cœur de rares commandements d'armée à des princes de sa famille et n'attribua-t-il à ses généraux que les pouvoirs indispensables pour vaincre ses ennemis. Il fut secondé vigoureusement par Louvois, le plus grand de nos ministres de la guerre, le véritable créateur de l'administration militaire, dont la volonté énergique sut imposer le contrôle des commissaires des guerres aux officiers, l'autorité des intendants aux généraux. Tous ceux qui tentèrent de résister furent cassés ou disgraciés.

On savait alors préparer les guerres, et on peut voir dans l'histoire de Louvois, avec quelle habileté ce grand ministre sut employer ses agents administratifs pour frayer les voies à l'armée d'invasion de la Hollande. Ce secret de la préparation a été perdu par les ministres de nos jours ; voilà sans doute pourquoi ils ont également perdu la notion du maniement, par leurs propres mains, des rouages administratifs.

L'intendant détaché par le roi auprès d'une armée était un personnage civil ; son autorité, une émanation directe de l'autorité royale, qui a toujours eu caractère de magistrature civile et bourgeoise, par opposition aux grands feudataires ; il relevait directement du ministre de la guerre, qui n'était pas militaire et qui ne l'est devenu que plus d'un siècle après. Les honneurs dont on l'entourait témoignent de l'importance que la royauté attachait à ses fonctions ; il était le second dans l'armée et marchait à la même hauteur que le général en chef. Il avait sous ses ordres les commissaires des guerres, dont l'origine remonte au-delà du temps du roi Jean II, et qui, après avoir commencé par être les délégués des maréchaux, n'avaient pas tardé à se transformer en agents directs du roi (1), à mesure que l'autorité de celui-ci prévalut, et avec elle les idées d'ordre et de régularité. Bien qu'attachés à l'armée, ils avaient conservé un caractère essentiellement civil ; cependant, ils ne pouvaient devenir intendants (2), ce qui prouve à quel point Louis XIV et Louvois tenaient à bien caractériser la séparation du commandement et de l'administration.

Cet état de choses se maintint pendant tout le xviiᵉ siècle.

En 1789, à la suite de l'organisation des provinces en départements, les intendants disparurent et furent remplacés dans les armées par le Commissariat des guerres. Mais les principes furent soigneusement maintenus : avec eux, la séparation des pouvoirs, le caractère de magistrature exclusif de toute assimilation militaire et de toute punition infligée par le commandement. L'Assemblée constituante dépassa même les limites naturelles de la compétence du corps et le chargea exclusivement de l'administration de la justice militaire.

La Convention revint sur cet écart. La loi du 28 nivôse an III, et l'instruction-loi du 16 ventôse de la même année, toutes deux encore en vigueur, fixèrent les attributions normales des administrateurs militaires et consacrèrent l'œuvre de Richelieu, de Louis XIV et de Louvois par des dispositions formelles, qui témoignent à quel point les gouvernements, même les plus opposés d'origine et de principes, tombent d'accord lorsqu'il s'agit d'intérêts d'une

(1) L'art. 30 de l'ordonnance royale du 1ᵉʳ février 1574 les qualifie ainsi : « Nos commissaires des guerres, nos officiers faisant leur charge, « *où ils représentent notre personne.* »

(2) Ils ne devinrent aptes à l'être qu'en vertu de l'ordonnance du 14 septembre 1776.

importance aussi vitale que ceux de la gestion de leurs finances et de la fidélité de leurs armées.

Le commissaire en chef fut proclamé l'homme de la République, comme l'intendant avait été l'homme du roi avant 1789.

Cette législation, si complète, présente pourtant une lacune. Elle n'a dicté aucune garantie pour le cas où le gouvernement et son ministre, chefs et protecteurs nés du corps administratif, l'abandonneraient et deviendraient, pour ainsi dire, ses premiers ennemis. Le cas s'est réalisé depuis.

Napoléon Ier avait servi comme général sous la République ; il avait eu dans ses armées des commissaires des guerres, et avait fait avec eux l'expérience de la législation de l'an III ; nul doute que, devenu tout-puissant, il ne l'eût renversée ou tout au moins modifiée, s'il l'eût trouvée incompatible avec l'exercice du commandement en chef ou seulement gênante à son égard. Loin de là, il la maintint (1), et développa davantage encore l'organisation administrative, qui atteignit, sous son règne, à son apogée. C'est qu'il avait la passion de l'ordre administratif et financier, en même temps qu'une connaissance exacte de ce qu'un général était capable d'entreprendre contre les lois de son pays. Trouvant que l'autorité des commissaires des guerres était insuffisante à l'égard du personnel de l'armée, il créa l'Inspection aux revues qui ne fut pas, comme on l'a dit souvent, un corps de contrôle, mais une fraction séparée du Commissariat, indépendante de lui, comme lui l'était d'elle (2). Un maréchal, se plaignant un jour des conflits qui s'élevaient entre les représentants du commandement et de l'administration, Napoléon lui répon-

---

(1) Avis du Conseil d'Etat, du 1er septembre 1811.

(2) « Les fonctions attribuées aux commissaires des guerres seront « désormais partagées entre deux corps distincts et indépendants l'un de « l'autre. » (Arrêté des Consuls du 9 pluviôse an VIII.)

*

dit : « Aimeriez-vous mieux que ces gens-là s'entendis-
« sent entre eux ? » Pour éviter ce danger, il consacra
la séparation des pouvoirs par la création de deux
ministères de la guerre ; l'un, de la guerre proprement
dit, l'autre de l'administration de la guerre. Sa chute fit
disparaître le second et marqua, pour l'institution qu'il
représentait, le commencement de la décadence.

Une ordonnance royale de 1817 supprima le Commissariat des guerres et l'Inspection aux revues, et les réunit
en un seul corps, l'Intendance militaire, dont elle constitua
les pouvoirs comme une émanation de l'autorité ministérielle. L'homme du Roi, l'homme de la République, descendit d'un degré et devint le délégué du ministre. C'était
une illégalité qui subsiste encore, parce qu'une ordonnance ne peut détruire ce qui existe de par la loi ; mais là
s'arrêta le mal pour le moment, car cette ordonnance, complétée par celle de 1822, maintint à l'Intendance tous les
pouvoirs des anciens corps administratifs (1). La Restauration, qui avait les traditions monarchiques de l'ancien
régime en même temps que les traditions militaires de la
République et de l'Empire, n'eut certes pas à l'égard du
corps l'intention d'un amoindrissement ; il s'agissait uni-
quement de prendre pour le pouvoir exécutif tout ce qu'on
pouvait soustraire au pouvoir législatif.

Toutefois, un grand pas était fait. En apparence, la loi
ne régissait plus l'institution, abandonnée désormais aux
fluctuations de l'ordonnance royale et aux caprices de la
décision ministérielle.

A partir de 1830, l'origine révolutionnaire du pouvoir
exécutif, les émeutes, les tentatives constantes de renver-
sement de l'ordre établi, augmentèrent l'influence du commandement qu'il s'agissait de se concilier, et firent décliner
d'autant l'administration. Les ministres de la guerre, tous

______

(1) En somme, elle reconstituait le Commissariat des guerres de l'an III,
ne se contentant d'en changer le nom.

militaires, perdirent de plus en plus de vue leurs fonctions administratives ou n'en usèrent que pour résoudre le plus souvent les questions en faveur du commandement, leur spécialité, qui leur avait fait envisager, pendant toute leur carrière, le corps administratif et ses attributions comme une entrave à leur autorité. Les intendants n'étaient-ils pas d'ailleurs de simples délégués du ministre, et, comme tels, à son entière discrétion? En raisonnant ainsi, le ministre était dans la logique de la situation créée par les ordonnances de 1817 et de 1822.

Une loi sur l'avancement dans l'armée avait été votée en 1832 ; la Chambre des députés avait rejeté du projet une tentative d'assimilation de l'Intendance, et avait exigé du ministre la promesse de la présentation d'une loi spéciale pour ce corps. Il s'agissait de tourner cette difficulté, car l'Intendance aurait été ainsi replacée sur le terrain législatif. Le ministre inventa la correspondance des grades, dite communément assimilation, qu'il fit décréter en 1835 par ordonnance, et voilà comment les administrateurs de l'armée se trouvèrent affublés d'un semblant de grades militaires.

Il n'est personne dans l'armée qui n'attribue cette assimilation à l'influence prépondérante de l'Intendance, à sa soif des grandeurs, et qui n'estime qu'elle constitue en sa faveur une prérogative exorbitante ; pour un militaire, en effet, l'obtention des grades est le légitime but de toute la carrière. Bien des intendants de nos jours sont de cet avis et affirment qu'il y a là une condition indispensable de considération et d'autorité.

Leurs anciens ne pensèrent pas ainsi et protestèrent : mais on ne les écouta pas. L'intendant d'une armée, l'homme du Roi, l'homme de la République, fut désormais le dernier des généraux de brigade ; ses subordonnés devinrent des colonels, des lieutenants-colonels, des commandants de faux-aloi, auxquels leurs camarades de l'armée ne reconnurent jamais la légitimité d'un grade qu'ils jugeaient mal acquis, parce qu'il l'avait été d'une autre manière que par eux. L'avancement, comparativement rapide dans les grades inférieurs administratifs, créa une jalousie vivace, que ne suffit pas à éteindre son ralentissement dans les hauts grades et la proportion inférieure de ceux-ci, comparés aux similaires de la hiérarchie du commandement. Elle s'épanouit naïvement dans la rédaction du décret de 1863, qui règle les honneurs militaires.

Voilà pour la considération.

Voici maintenant pour l'autorité.

On ne vit plus dans les administrateurs, dans les magistrats militaires, que des généraux, des colonels, etc., et on trouva fort surprenant qu'ils ne fussent pas soumis aux règles disciplinaires et hiérarchiques. Un intendant peut faire des observations à l'ordre d'un maréchal! Il peut même y résister! Il ne peut être puni par lui! Il correspond directement avec le ministre! Quelle étrange violation des règles les plus élémentaires de la subordination!

On y a mis et on y met chaque jour bon ordre. En 1856, sous prétexte de conflits entre les autorités en Algérie, on donna aux généraux d'armée le droit de punition sur les fonctionnaires de l'Intendance employés sous leurs ordres. C'était une violation de la législation de l'an III et un coup mortel porté à l'institution. L'homme du Roi, l'homme de la République, le délégué du ministre, descendit encore d'un cran et devint l'homme du général (1), car on appartient à celui qui a le droit de vous envoyer aux arrêts et de couper court à votre avancement; on en venait, en effet, à juger de plus en plus les intendants d'armée suivant l'opinion du général, que celui-ci ne pouvait former

____

(1) L'instruction-loi du 16 ventôse an III, a dit au contraire : « Le com- « missaire ordonnateur en chef n'est point *l'homme du général :* il n'ap- « partient qu'à la République, et c'est elle seule qu'il doit servir. »

que d'après une fausse appréciation de l'accomplissement du devoir administratif.

Une délibération du Conseil des Cinq-Cents, du 14 messidor an IV, qualifie d'improbité la complaisance intéressée de certains commissaires des guerres à l'égard du commandement : on n'en est plus là maintenant.

Cette même année 1856 vit la création des intendants généraux. Elle fut la conséquence d'une première tentative des inspecteurs des finances pour mettre la main sur le département de la guerre. Le ministre les évinça par ce moyen, sans s'apercevoir qu'il était insuffisant ; qu'importe à une institution un grade de plus, s'il ne lui apporte pas un atôme de plus d'autorité ?

Celle de l'Intendance était compromise depuis l'assimilation ; aujourd'hui, elle est perdue, si on n'y prend garde, car ce qui se passe est pire que tout ce qu'on a vu jusqu'ici. Un ministre s'est fait l'exécuteur de toutes les idées contraires à celles que je viens d'exposer. Son but est la destruction de la législation actuelle : ses actes l'ont, dès maintenant, rendue à peu près complète. Les principes mis en action par Richelieu, par Louvois, par l'Assemblée constituante, par la Convention, par Napoléon Ier, gisent à terre. Il demandera sans doute l'abolition des lois de l'an III ; si l'Assemblée nationale est d'avis d'y consentir, elle peut s'épargner la peine de voter : c'est déjà fait.

On veut mettre définitivement l'administration entre les mains du commandement ; le moyen paraît être de régler les attributions des corps administratifs par décret du pouvoir exécutif, et non plus par la loi.

Si l'on m'objectait que l'Exécutif a, sous le rapport de la gestion des finances et de la sécurité de l'Etat, le même intérêt que le pouvoir législatif, je répondrais par l'exemple frappant de la violation constante de la loi par son fait ou celui de ses ministres, à partir du jour (1815) où les deux pouvoirs ont cessé d'être réunis dans la même main. L'Exécutif, préoccupé de son avenir dynastique, exclusivement entouré de représentants du commandement, y compris le ministre de la guerre, les flattant, circonvenu par eux, n'a plus entrevu qu'un côté de la question et a toujours incliné vers lui. Il a tout fait pour frapper la loi d'impuissance, non point de propos délibéré, car rien n'a eu moins de suite dans les idées que lui depuis soixante ans, mais par nécessité de situation et pour se gagner ceux qui étaient le plus immédiatement nécessaires. Néanmoins, il n'a jamais demandé l'abrogation formelle au pouvoir législatif ; il sentait bien que les élus de la nation, n'ayant pas les mêmes intérêts que lui, n'éprouveraient pas une tendresse égale pour ce pouvoir militaire, que l'histoire nous enseigne être le plus redoutable ennemi des lois, lorsqu'il est devenu excessif.

Pareil danger n'est-il plus à redouter aujourd'hui ? Le couronnement de notre future organisation militaire sera inévitablement la formation de corps d'armée permanents, dont les chefs ne manqueront pas de prendre l'autorité légitime du caractère, du talent, de l'illustration des services sur les officiers et les soldats placés sous leurs ordres. Quelques-uns résideront autour de Paris, dans Paris même ; ils auront leurs troupes sous la main et pourront en très peu de temps rassembler une force redoutable. Ils seront tentés de jouer un rôle politique : l'histoire de nos derniers temps ne permet pas d'en douter. Les uns agiront pour leur propre compte, les autres rechercheront l'appui des partis. On peut donc craindre d'assister au spectacle, inconnu depuis longtemps en France, de chefs d'armée faisant de la politique et de partis ayant à leur disposition, non plus l'armée de l'émeute, mais l'armée régulière.

Le moment me semblerait mal choisi pour augmenter encore un pouvoir déjà si redoutable. Actuellement, et avec la séparation des attributions, le général dispose des troupes, mais n'a sous la main ni argent, ni objets matériels, si ce n'est pour ces derniers, ceux qui ont été formellement mis à sa disposition par le ministre de la guerre. S'agit-il de faire sortir des arsenaux un canon, un fusil, une cartouche ? Des magasins, des rations autres que celles dont la distribution normale est due ? Des caisses de l'Etat, une somme quelconque d'argent ? Le général ne le peut qu'au moyen d'un ordre écrit donné à l'administrateur (1), et encore celui-ci ne doit-il y obtempérer à l'intérieur que dans les cas urgents *et non prévus par les règlements.* Soit que l'administrateur l'exécute, soit qu'il s'y refuse, il est tenu de communiquer immédiatement l'ordre au ministre de la guerre, qui se trouve ainsi en mesure d'aviser incontinent. Avec cette garantie, un rassemblement de troupes est chose impossible, parce que les deux nerfs de la guerre, l'argent et le matériel, font défaut.

Tout au contraire, un général, maître de l'administration, pourra préparer d'avance et sans bruit ses moyens d'action. Les administrateurs, devenus ses instruments, ses hommes, mettront leur devoir et leur honneur à seconder et à cacher ses projets, dont ils ne soupçonneront pas l'objectif, que d'ailleurs il leur cachera facilement en prétextant des ordres supérieurs et secrets. D'autre part, l'incertitude qui plane toujours sur les projets d'un conspirateur, pour peu qu'il soit habile, empêchera le public et la presse de saisir rien de précis, et l'Empire ou tout autre gouvernement sera fait avant même que l'on s'en soit douté.

Deux révolutions, qui ont eu chez nous le caractère militaire, semblent à première vue infirmer ce qui pré-

_____

(1) J'ai parlé des arsenaux ; en effet, l'indépendance administrative des directeurs d'artillerie et du génie est la même que celle de l'intendance, a le même objet et doit être maintenue comme elle.

cède, puisqu'elles ont réussi sous le régime légal que je préconise. Le 18 brumaire n'a pas été une révolution faite par un général à la tête de son armée ; son succès est dû à la connivence d'une partie des pouvoirs constitutionnels. Le 2 décembre, loin de contredire mon raisonnement, le confirme, puisqu'il a été fait par le seul homme qui fut alors dans la position qu'un ministre imprudent veut faire à tous nos généraux ; encore Louis-Napoléon n'a-t-il pu réussir qu'avec la complicité du ministre de la guerre.

L'histoire des peuples abonde en condamnations ou disgrâces iniques prononcées contre les généraux les plus illustres, accusés d'aspirer à la tyrannie. Ces erreurs sont une faute contre les intérêts de l'Etat aussi bien qu'un crime contre les hommes ; une nation ne peut s'en garantir qu'en bornant les attributions de telle sorte que chacun ait la puissance d'être utile, jamais celle de devenir dangereux.

Le péril politique se produira rarement, je l'espère, mais le péril financier sera de tous les jours, lorsque le maniement des fonds de l'Etat, dont la règle et la loi sont une condition indispensable de bon emploi, se trouvera remis aux mains d'un pouvoir essentiellement arbitraire et discrétionnaire. Ici, pour être bien sûr de ne pas commettre de personnalités, je cède la parole à l'histoire romaine.

Un jour, un tribun du peuple demandait au grand Scipion la production de ses comptes de l'année précédente. A cette époque, les généraux avaient le commandement et l'administration de leur armée. Le grand Scipion monte à la tribune : « Romains, s'écrie-t-il, l'année dernière, à « pareil jour et à pareille heure, nous avons vaincus les « Carthaginois ! Montons au Capitole, pour en rendre grâces « aux dieux ! » Et le peuple romain, ébloui de la gloire du grand Scipion, le suivit au Capitole pour remercier avec lui les dieux d'avoir vu ses armées victorieuses et sans doute aussi ses finances administrées par les mains du grand Scipion.

Le peuple romain fut sage. Qu'aurait-il pu arriver en effet? Ou bien le grand Scipion se fût laissé traduire en jugement, et alors une condamnation aurait pu priver la République des talents militaires du général, bien autrement indispensables à l'État, d'un ordre bien plus élevé et bien plus rare que ceux de l'administrateur ou du comptable ; ou bien le grand Scipion aurait fait appel à ses partisans, à ses soldats, et la République romaine eût été plongée, deux siècles plutôt, dans les horreurs de la guerre civile.

Les auteurs de projets de réorganisation de l'armée qui ont inventé, tout récemment, la combinaison dont les Romains du temps du grand Scipion, expérimentaient déjà les résultats financiers, l'ont en général complétée par la création d'inspecteurs ou de contrôleurs de la guerre, des finances ou d'autre provenance, qu'ils investissent d'un contrôle indépendant sur l'administration.

L'indépendance ne suffit pas au contrôle : il lui faut aussi la puissance, pour faire respecter ses investigations d'abord, ses décisions ensuite.

Les généraux, une fois maîtres de l'administration, ne manqueront pas de la couvrir de leur responsabilité, ne fût-ce que par devoir de générosité envers leurs subordonnés. C'est donc en réalité sur eux que s'exercera le contrôle. Or, celui dont il est question ne pouvant s'appliquer qu'aux faits accomplis, sera purement répressif et dès lors sans efficacité. On ne contrôle ainsi que des gens dépourvus d'importance politique ou de puissance matérielle.

Les inspecteurs ou contrôleurs joueraient trop souvent, à l'égard de nos modernes grands seigneurs, le rôle ridicule du tribun de Scipion. Le ministre de la guerre lui-même se trouverait plus d'une fois réduit à en faire autant et à se contenter de passer l'éponge, soit par ménagement, soit par impuissance, sur la gestion financière de hauts personnages, ses égaux, ses rivaux, quelquefois ses supérieurs en talent et en influence, peut-être aussi ses ennemis politiques. Il pourrait encore arriver que le contrôtrôleur se présentât chez le contrôlé, juste à temps pour le voir se transformer en rebelle, à moins qu'il n'attendît le lendemain du succès pour lui offrir ses services. Tout cela nous ramènerait au temps antérieur à celui où le cardinal de Richelieu, reconnaissant enfin l'insuffisance du contrôle répressif, même avec l'appui du poignard des mignons et de la hache du bourreau, inaugura le contrôle que j'appellerai préventif, précisément celui qui existe légalement, celui que l'on veut renverser aujourd'hui, le seul efficace contre les puissants, parce qu'en leur enlevant la disposition arbitraire de certains moyens d'action, il leur enlève aussi la possibilité et même la tentation de mésuser du reste.

A la vérité, beaucoup de gens, ainsi bridés, se sont prétendu dépouillés, n'ont pas manqué les occasions de s'en plaindre et ont cherché maintes fois à reconquérir ce qu'ils avaient perdu, en alléguant des nécessités de salut public que la séparation des pouvoirs compromet, suivant eux. Pendant deux cents ans et plus, le mot de Napoléon Ier : « Aimeriez-vous mieux qu'ils s'entendissent, » a prévalu dans le gouvernement de l'Etat. Mais il paraît qu'aujourd'hui, c'est chose surannée.

Ce qui est suranné, ce qui nous ferait remonter le cours des âges, ce qui nous ramènerait aux rudiments de l'organisation de l'Etat, c'est l'oubli du principe de la division des pouvoirs, qui a été un progrès dans l'ordre militaire comme dans l'ordre politique, comme dans l'ordre civil. Ce qui serait suranné, ce serait le retour aux grands feudataires, aux grands gouverneurs, aux satrapes, maîtres chacun d'une armée, personnel, finances et matériel.

Si j'ai eu le don de convaincre mon lecteur, il acceptera désormais comme démontrée la proposition qui va clore la première partie de cet opuscule.

— *Celui qui réunira dans d'autres mains que celles du ministre de la guerre le commandement et l'administration de l'armée, rouvrira du même coup l'ère des pronunciamientos militaires, fermée en France depuis deux siècles et demi.*

II

Cependant, notre système administratif est bien décrié ; de toutes parts des voix s'élèvent pour l'accuser d'impuissance, et l'expérience de nos dernières guerres semblerait l'avoir démontré. Le silence même de ses représentants, dont presque aucun n'a élevé la voix pour le défendre, paraît confirmer encore cette opinion.

Il y aurait beaucoup à répondre et à remplir bien des pages. Je me contenterai de démontrer la nécessité d'une étude attentive et impartiale de la question, en m'efforçant d'être bref.

J'ai déjà dit que les ministres de la guerre avaient perdu de plus en plus de vue leurs devoirs administratifs. Le régime déchu, qui les dégageait de toute responsabilité, a puissamment contribué à ce triste résultat, et a même fait oublier la préparation à la guerre, dont le contraire était presque devenu un système, soi-disant pour ne pas donner l'éveil aux ennemis. En même temps, le Corps législatif, préoccupé d'économies, accordait le moins possible. Il fallait réduire l'état militaire : le matériel de l'administration en faisait généralement les frais. On accordait, par exemple, trois millions pour la garde mobile (1), ou bien

(1) Une paire de souliers ou une jambe de pantalon par homme, au choix.

on réduisait le crédit des subsistances de l'armée permanente pour 1870. Enfin, on vit aussi le gouvernement, à court d'argent, épuiser les magasins pour éviter des demandes de crédits qu'il craignait de voir rejeter (1).

La guerre déclarée, l'Intendance qui n'avait rien pu pendant la paix, car il faut constater ici qu'elle n'est qu'un instrument entre les mains du ministre, et qu'elle n'a le droit d'acheter, à l'intérieur, ni un grain de blé ni un bouton de guêtre sans son ordre, l'Intendance, dis-je, formée à la hâte, comme le reste de l'armée, se trouvait tout à coup investie d'une lourde tâche et d'une responsabilité plus lourde encore, avec un personnel et un matériel insuffisants, tandis que le temps manquait pour créer la matière, qui ne s'improvise pas.

Il fallait pourtant *se débrouiller;* mais là, on se heurtait à un obstacle créé par les art. 15 et 17 de l'ordonnance de 1832 sur le service des armées en campagne (2). La commission de généraux à laquelle est due leur rédaction, qui a supprimé d'un trait de plume la réquisition comme moyen normal de subsistance des armées, a sans doute obéi au noble désir d'humaniser la guerre, mais sans doute aussi ne s'est pas aperçue qu'elle allait rendre la tâche de l'administration à peu près impossible. Les généraux en chef, juges du moment où ils devaient requérir, sachant d'ailleurs que l'art. 17 imposait à l'Intendance la responsabilité des moyens de pourvoir, toutes les

(1) Chacun sait qu'on a usé de cet expédient pour soutenir la guerre du Mexique.

(2) Art. 15. Lorsque les besoins de l'armée l'exigent *impérieusement,* les généraux commandant en chef ont autorité pour frapper de contributions en nature ou en argent un pays occupé par leurs troupes.

. La même faculté est attribuée aux commandants de corps d'armée.

Aucun autre général ne le peut, sans une autorisation écrite du commandant en chef..........

Art. 17. L'ordre de pourvoir et de distribuer constitue, avec les opérations militaires, la responsabilité des généraux ; les moyens de pourvoir, sauf le cas prévu par l'article 15..... constituent la responsabilité des intendants.

fois qu'il ne leur convenait pas de la prendre eux-mêmes en vertu de l'art. 15, se hâtaient lentement d'ordonner des réquisitions et d'en assumer l'odieux ; si bien que, depuis 1832, ce moyen indispensable de subsistance a été perdu pour nos armées (1).

Je ne connais que deux moyens de se procurer ce qu'on n'a pas : prendre ou acheter. Ne pouvant prendre, il fallait bien acheter. Mais sur le terrain immédiatement occupé par les armées, l'habitant fuit, la denrée se cache et se paie d'autant plus cher, quand on peut la trouver. Comment le faire d'ailleurs, quand on arrivait à l'étape, souvent fort tard, en présence d'autorités locales hostiles ou tout au moins peu désireuses, *même en pays ami*, d'aider à dépouiller leurs concitoyens ? Les sous-intendants des divisions et leurs trois ou quatre agents ne pouvaient percer à travers les murs des maisons pour y voir ou y prendre ce qui s'y trouvait, et n'avaient pas à leur disposition la force qui, seule (art. 15), aurait pu opérer ce miracle. Il fallait donc renoncer à vivre sur place et tout tirer des magasins en arrière.

Voilà pourquoi l'Intendance, dans nos dernières guerres, a été obligée de subir la méthode des grands approvisionnements (2), qu'on ne supprimera certes jamais, qu'on pourra toutefois réduire, lorsqu'on se sera décidé à en revenir aux réquisitions, en France (3) et en pays allié, aussi bien qu'en pays ennemi.

Là ne se borne pas l'influence funeste de l'art. 17. Il a

(1) Les Prussiens classent la réquisition au nombre des innovations de nos guerres de 1792 à 1815. Il ont profité de la leçon, tandis que nous l'oubliions, et avec elle bien d'autres, données au monde par nos pères.

(2) On les lui a reprochés amèrement, quand ils sont restés en partie inutiles, mais personne ne s'est encore avisé de la féliciter quand ils ont été utilisés. Exemple : Metz, que tout le monde répète n'avoir pas été approvisionné. Cependant les 180,000 hommes qui ont séjourné deux mois et demi durant sous ses murs n'y ont pas vécu seulement de l'air du temps et de viande de cheval.

(3) Et comme on ne fait avec ordre à la guerre que les choses aux-

voulu être concis : il l'a été beaucoup trop. Le commentaire des termes : « L'ordre de pourvoir et de distribuer, » qui définissent la responsabilité du commandement, exigerait à lui seul bien des lignes, qui indiqueraient les devoirs administratifs des généraux. Ils sont nombreux, et leur ignorance, trop commune, tourne au détriment de l'exécution administrative. Combien de gens se doutent que la direction du service des approvisionnements appartient au commandement et que tous les magasins qui sont formés, soit sur les lignes d'opérations, soit à la suite des troupes, doivent l'être d'après ses ordres? Mais cela ne se fait pas ou se fait rarement, et les intendants, abandonnés à eux-mêmes, ignorant trop souvent, à tort, les projets et le but, marchant à l'aveugle, augmentent d'autant leurs magasins fixes ou roulants, pour être prêts à toute éventualité.

Pourrait-on nous dire combien de généraux et de chefs d'état-major se sont préoccupés des convois de leur armée? Cependant leur direction et leur conduite sont du ressort des opérations militaires. De l'oubli de ce devoir est issu l'avortement de plus d'une distribution de vivres, dont on n'a pas manqué d'imputer la faute à l'Intendance. En effet, n'est-elle pas responsable quand même, en vertu de l'art. 17?

Plutôt que de se donner la peine de diriger, on a préféré déclarer l'administration encombrante, supputer complaisamment le nombre de kilomètres que ses voitures représentent, placées bout à bout, et, dans une circonstance qui devrait rester mémorable, lui donner l'ordre de les licencier. Cependant les convois sont un progrès incontestable, parce que les armées, bien qu'autorisées à

quelles on a été exercé pendant la paix, il faudrait que la réquisition fût désormais le moyen normal de subsistance des troupes marchant à l'intérieur de la France. Le soldat vivrait chez l'habitant, comme il y loge, sauf indemnité, bien entendu.

vivre sur le pays, ne le sont pas à le dévaster à la manière des barbares ou des sauterelles, parce qu'aussi nos besoins de bien-être ne nous permettent plus de nourrir et de charger nos soldats comme ceux des Romains, pas même comme ceux de Louis XIV ou de Napoléon, parce qu'enfin les routes et les convois qui les suivent permettent de porter plus rapidement les armées à de grandes distances, sans souci de la subsistance journalière.

L'artillerie est certes aussi encombrante, avec ses longues colonnes de canons et de munitions tant pour elle que pour les autres armes ; pourtant elle est aussi un progrès, et personne ne songe à supprimer l'embarras qu'elle cause, en revenant aux piques et aux arbalètes.

La supputation des kilomètres est un jeu innocent et, dans l'espèce, une inexactitude. On emploierait mieux le temps en s'appliquant à tracer des itinéraires sur plusieurs routes, afin de diminuer la longueur des convois, et en se rendant compte qu'il n'y a pas d'armées, même celles des Prussiens en 1870, qui aient été moins pourvues que les nôtres sous ce rapport (1).

En somme, tout ce chapitre iv du titre II de l'ordonnance de 1832, qui traite des attributions de l'Intendance aux armées, est faux ou incomplet. Il a engagé les généraux, ses auteurs, aussi bien que les intendants, ses victimes, dans une voie mauvaise, pleine de malentendus pour les premiers, de mécomptes pour les seconds, d'impuissance pour tous. Il a marqué, pour le rôle purement militaire de l'intendance, l'ère de la décadence, comme les ordonnances de 1817, 1822 et 1835, pour le surplus de son mandat. Il est à refaire en entier (2).

---

(1) Voir le *Moniteur de l'Armée* du 1er septembre 1871. Les corps d'armée prussiens, après leurs premières marches en France, avaient déjà chacun 1,200 voitures à leur suite, non compris l'artillerie.

(2) Et à refaire dans ce sens, qu'il devra inculquer à qui de droit la notion que l'administration est un instrument entre les mains du général en chef, dont le devoir est de la conduire et de la diriger, comme les

Néanmoins, malgré ces obstacles et d'autres encore, l'Intendance de l'armée, fort heureusement composée d'officiers de choix d'élite (1), parvenait, à force de dévouement et d'intelligence, à se tirer d'affaire, amenait sur le champ de bataille les troupes convenablement nourries, et en tirait rapidement les blessés, sans pouvoir toutefois épargner à personne les maux inévitables de la guerre. On rentrait : les généraux, avant 1870, triomphaient; les administrateurs apuraient modestement les comptes et pouvaient croire en avoir fini.

Ils se trompaient. Une pluie de livres et de brochures, émanés le plus souvent de gens qui convoitent leur succession, exploitant les fautes commises et les misères de la guerre, en rejetaient la responsabilité entière sur eux, les injuriaient, les calomniaient, les diffamaient. Les ministres de la guerre, dont ils sont les mandataires, qui sont leurs défenseurs naturels, ne s'en occupaient même pas, sans doute parce qu'un chef d'administration n'a rien de commun avec les actes et la considération de ceux qui sont ses représentants et ses subordonnés. Il y avait, d'ailleurs, une compensation toute prête et qui avait bien son prix : ce que perdait l'administration, les plans stratégiques le gagnaient; n'avaient-ils pas une excuse toute trouvée dans l'insuccès des administrateurs?

Mais au moins l'Intendance avait-elle le droit de se défendre ? Qui le croirait pourrait bien se tromper. Les mouvements de l'administration sont obligés de se régler d'après ceux des troupes ; quand ceux-ci sont mal combi-

---

autres fractions de l'armée. Pour cela, il ne sera pas nécessaire d'abolir la législation de l'an III, mais simplement d'introduire succinctement dans le règlement ce qui se trouve dans les Mémoires ou Traités d'art militaire écrits par les nombreux officiers, y compris le général Bonaparte, qui ont su obéir à cette législation.

(1) L'Intendance est le seul corps de l'armée française qui se recrute exclusivement par voie de concours, *entre officiers*, du grade de capitaine au moins.

nés, ceux-là ne peuvent que s'en ressentir. Voilà pourquoi, obligés de découvrir la stratégie pour se couvrir eux-mêmes, les intendants doivent se taire, partie par esprit de subordination, partie par force, parce qu'on ne leur permettrait pas toujours de parler (1).

Il dépend de l'Assemblée nationale de leur donner cette faculté. Elle paraît pressée d'en finir avec la réorganisation de l'armée ; pourtant, dans la plupart des matières, il y a plus de péril à aller trop vite que trop lentement. Nos institutions militaires sont le fruit du temps, de l'expérience et de la science de plusieurs générations ; prétendre changer et perfectionner tout en un jour, sous la pression d'événements pour lesquels l'histoire commence à peine, n'est-ce pas se préparer des regrets amers pour l'avenir ? Dans la question si importante qui nous occupe, tout changement n'exige-t-il pas au préalable une étude comparative du passé et du présent, et pour ce dernier, l'audition des intéressés et des témoins ? Pourquoi l'Assemblée n'ouvrirait-elle pas une enquête, devant laquelle les généraux et les intendants d'armée et de corps d'armée, les directeurs de l'administration au ministère de la guerre parleraient à cœur ouvert, donneraient sur chaque fait controversé des explications précises et sans détour, appuyées de faits qu'on ne peut livrer à la publicité, parce que les personnes sont respectables, malgré leurs erreurs ? Il y aurait là des éléments d'information d'un prix inestimable, qui feraient revenir sur bien des préventions alimentées jusqu'à ce jour par les versions trop intéressées des brochures ou recueillies sans critique par la presse.

Il y aurait encore autre chose à faire. Sous les régimes antérieurs, même les plus despotiques, des commissions

____

(1) Soit refus, qui peut être très légitime, de laisser publier des pièces officielles, soit tout autre motif.

d'hommes compétents, d'hommes du métier, préparaient les solutions : pourquoi ne procéderait-on pas encore ainsi ? Cela est conforme aux plus saines maximes de gouvernement et même d'usage de la vie privée. La question des rapports du commandement et de l'administration est restée insoluble jusqu'à ce jour, à ce que prétendent certains militaires ? Qu'on forme donc deux commissions, une de généraux, une d'intendants. Elles élaboreront chacune leur projet, donneront leurs raisons, et quelle que soit la divergence de leurs opinions, ne pourront manquer d'éclairer la question d'une vive lumière, grâce à leur spécialité, qui manque un peu aux commissions actuelles législatives. En disant cela, je ne crois pas manquer de respect à la Chambre : tous les souverains, hommes ou assemblées, ont besoin de lumières spéciales, tant pour connaître exactement les intérêts en jeu, que pour ne pas se laisser absorber par leur entourage et par leurs ministres.

Je le dis tout spécialement pour le ministre actuel. Les lumières dont il semble s'éclairer ne me paraissent pas présenter des garanties égales à celles des commissions dont je parle, et je saisirai cette occasion pour signaler ces procédés, qui enlèvent aux sommités de l'armée leur juste part d'influence au profit de quelques individualités, sans illustration personnelle, dépourvues même de l'autorité du grade, appartenant à un seul corps de l'armée, le dernier né de la famille militaire, dont beaucoup de gens affirment qu'il n'a pas le droit d'entreprendre à lui seul le gouvernement et la réforme d'autrui, parce qu'il est encore loin d'avoir fait complétement ses preuves. Je ne crois offenser personne en rappelant ce qu'on a déjà dit, que son instruction a été négligée par la faute, non point de ses membres, mais de l'aveuglement général qui a fait délaisser l'étude dans l'armée. Le résultat est chez lui particulièrement sensible, parce qu'il est tenu à une science militaire encyclopédique et profonde. Aussi les hommes du métier, fantassins, artilleurs, administrateurs, etc., n'ont-ils pas de peine à découvrir, dans ses actes et dans ses œuvres, à côté de témoignages de véritable capacité, la preuve d'une inexpérience flagrante sur bien des points spéciaux, d'une importance majeure. Le gouvernement et la réforme de l'armée, exclusivement entre ses mains, sont un danger.

———

Cependant l'institution administrative est à terre, l'instrument est brisé.

Faut-il l'abandonner définitivement comme hors de service et désormais inutile ? Faut-il au contraire que la loi la replace sur sa base et l'y affermisse définitivement ?

Il ne saurait y avoir de milieu : il faut que l'on adopte l'une ou l'autre solution, parce que le *statu quo*, qui n'est ni l'une ni l'autre, est devenu intolérable. Abaissés graduellement par les ministres de la guerre, qui se croient libres en vertu des ordonnances de 1817 et de 1822, de leur déléguer ce qui leur convient en fait d'autorité, dépourvus de moyens de faire respecter, par ces mêmes ministres, la législation de l'an III, qui est encore en pleine vigueur, les administrateurs militaires en sont venus à ce point, de ne plus savoir ce que le ministre leur laisse de leurs attributions, dont ils conservent cependant l'entière responsabilité légale, tandis qu'ils ignorent quelles sont celles de ces attributions que le ministre a dévolues au commandement, lequel n'en a pas encore la responsabilité, au moins de par la loi.

Cet état de choses est déplorable, contraire au bien de l'État, et dangereux pour les personnes, qu'il peut mettre à tout instant aux prises avec le principe de la délégation ministérielle, leur refusant le bénéfice de la loi. Livré aux égarements de son illégale omnipotence, ce principe de la délégation ministérielle est arrivé aux résultats les plus étonnants : il en est venu, par exemple, à miner l'autorité des chefs administratifs sur leurs subordonnés les plus immédiats.

Il importe qu'on en finisse, et qu'à défaut du gouvernement, l'initiative d'un député appelle l'Assemblée nationale à choisir entre une destruction complète ou une restauration sérieuse, sur les bases de la législation de l'an III (1), avec des garanties que la loi de nivôse a omis de stipuler contre les entreprises des ministres de la guerre.

Cette alternative provoque les réflexions suivantes, qui aideront peut-être à résoudre la question, et que je présenterai à titre de conclusion.

Il existe une institution que la voix populaire, toujours dure aux administrateurs, condamne sur la foi de militaires d'une science administrative équivoque ou d'une impartialité douteuse, et d'après une connaissance encore imparfaite d'événements contemporains ; cette voix affirme que cet instrument incommode et d'un maniement impossible, n'a fait qu'entraver ou même blesser les mains qu'il devait seconder. Cependant, cette même institution, vieille de cinq siècles par les commissaires des guerres, de deux siècles et demi par les intendants, a été à l'envi complétée, soutenue, affermie par les assemblées, par les sou-

(1) C'est-à-dire en conservant soigneusement les principes et en écartant certains détails qui ont vieilli.

verains, par les ministres qui ont le plus marqué dans une période de deux cents ans, dont les noms seuls suffisent à personnifier cette époque, la plus brillante et la plus glorieuse de la politique et des armes de la France ; pendant ce même temps, et alors qu'il n'avait pas encore été faussé ni dénaturé par des restaurations maladroites, cet instrument puissant, mais délicat, a trouvé de nombreuses mains assez habiles pour le manier avec succès, et ces mains sont celles de nos plus illustres capitaines, de nos VICTORIEUX (1).

Caveant consules !

(1) Les Prussiens ont une Intendance régie d'après les mêmes principes. Pas plus que la nôtre, elle n'a réalisé l'impossible (voir *Stoffel* pour la campagne de 1866, le *Moniteur de l'armée* du 1ᵉʳ septembre 1871, pour celle de 1870) ; cependant, ils ne crient pas vengeance contre elle et ne parlent pas d'en changer la législation.